BIBLIOTHÈQUE SPÉCIALE DE LA SOCIÉTÉ
DES
AUTEURS ET COMPOSITEURS DRAMATIQUES
Agent général : LOUIS LACOUR

HEUREUX EN BONNES

VAUDEVILLE EN UN ACTE

PAR

M. E. ROGER DE BEAUVOIR FILS

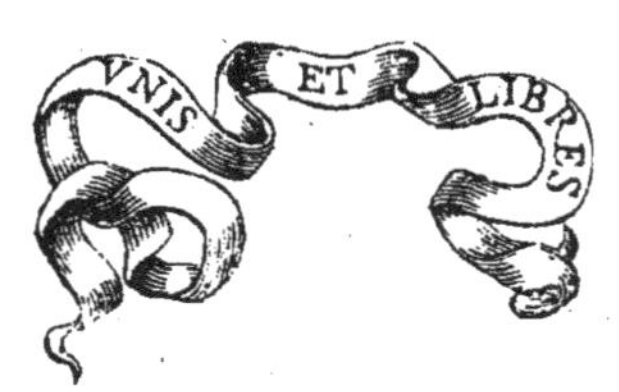

PARIS
LIBRAIRIE DRAMATIQUE
10, RUE DE LA BOURSE, 10

1868

HEUREUX EN BONNES

VAUDEVILLE

Représenté pour la première fois, à Paris, sur le théâtre Beaumarchais,
le 1er mai 1868.

EN VENTE, A LA MÊME LIBRAIRIE :

PARIS A L'EXPOSITION, revue-fantaisie en 4 actes et 7 tableaux, de MM. Fernand LANGLÉ et Eugène ROGER DE BEAUVOIR fils.

HEUREUX
EN BONNES

VAUDEVILLE EN UN ACTE

PAR

M. E. ROGER DE BEAUVOIR FILS

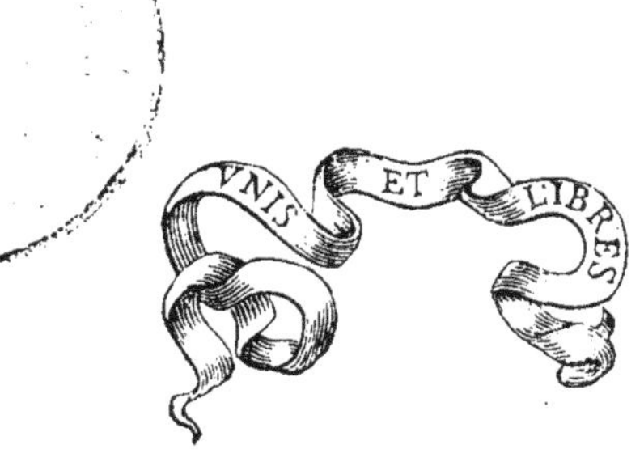

PARIS
LIBRAIRIE DRAMATIQUE
10, RUE DE LA BOURSE, 10

1868

PERSONNAGES

SAINT-PASTOUF, vieux garçon, pensionnaire des époux Beauminois.	MM. Pemarque.
BEAUMINOIS.	Matigny.
SEPTIME, domestique.	Fleury.
Un Facteur.	
ALICE, la Marseillaise.	Mmes Julie Dubois.
GERTRUDE, la Belge.	Mmes Julie Dubois.
PEPA, la Basque.	Mmes Julie Dubois.
ADELINE.	Mmes Julie Dubois.
Mme BEAUMINOIS.	Mascret.

Pour la musique nouvelle de cette pièce, s'adresser à M. Borssat, chef d'orchestre du théâtre Beaumarchais.

HEUREUX EN BONNES

Le théâtre représente une salle à manger ornée d'un baromètre et d'un cartel. Deux portes au fond, dont l'une à œil-de-bœuf; deux fenêtres latérales, à l'une d'elles est une cage d'oiseau.

SCÈNE PREMIÈRE.

BEAUMINOIS, *seul, entrant avec ses journaux.*

Neuf heures! le couvert n'est pas mis, j'ai donc tout le temps de lire mes journaux... Le *Journal des Villes et des Campagnes.* Bon! je m'intéresse peu à l'agriculture... l'*Organe des propriétaires*, passons. — Ah! un nouveau, le *Journal des Domestiques!* En voilà un par exemple dont le besoin se faisait sentir! Mais qui a pu l'adresser à ma femme Athénaïs-Félicité Beauminois? Quelque ami, au fait de notre malheureuse situation! Dire qu'il y a cinq mois que nous cherchons une bonne, ni plus ni moins que Vasco de Gama cherchait un monde!

AIR : *J'ai vu le Parnasse des dames.*

C'est la grève des domestiques!
Nous sommes là pour le prouver,
Et des réclames fantastiques
N'ont pu nous en faire trouver.
Ici, l'on en prend à toute heure,
Et pour y remédier, vraiment,
Il faudrait changer ma demeure
En un bureau de placement ! (*bis.*)

(Coup de sonnette.) Bon! voici M. Saint-Pastou qui s'impatiente... Cet imbécile de Septime ne lui aura pas encore apporté son chocolat! (Second coup de sonnette.) En voilà un pensionnaire difficile! Dame! un vieux garçon! (Reprenant le journal.) Mon adresse! ah! c'est un peu fort! voyons : « On demande « une femme de bonne volonté, propre (je l'espère bien!) « à servir de femme de chambre ou de cuisinière au besoin; « avoir avant tout de bons renseignements; s'adresser à « madame Beauminois, rue du Pélican-Tapageur, 25. » — Qui peut nous venir ainsi en aide, non à moi, mais à mon épouse? — Serait-ce mon sous-chef qui vient ici dîner chaque dimanche, ou bien... (On sonne très-fort.) Cette fois, c'est ma femme qui a sonné; elle a l'air furieux, je me sauve! (Il sort.)

SCÈNE II.

MADAME BEAUMINOIS, puis SEPTIME.

MADAME BEAUMINOIS; elle tient d'une main une paire de bottes et de l'autre une brosse à cirer.

Mille tonnerres! sabre de bois! Henriette! Henriette! Ah! j'oublie que je l'ai renvoyée avant-hier! Toujours sans bonne! quelle situation! réduite à me contenter de cette brute de Septime, un propre-à-rien qui lit *le quatrième dernier mot de Rocambole*, toute la journée!... (Frappant sur un timbre et appelant.) Septime! — Môssieu Septime! — Il exige, l'animal, que je l'appelle môssieu! Ah! si je ne lui devais pas trois termes!... (Violent coup de sonnette chez Saint-Pastou.) Allons, bon! mon pensionnaire qui commence son vacarme! C'est pour ses bottes, bien sûr... (Elle continue à les cirer.) Quel fichu cirage!

SEPTIME, entrant en bâillant.

Madame a sonné, je crois?

MADAME BEAUMINOIS, à part.

Je suis en nage! (Haut.) Certainement, je t'ai sonné!

SEPTIME.

Madame cire ses pensionnaires?

MADAME BEAUMINOIS, cirant toujours.

Il le faut bien !

SEPTIME.

Écoutez, madame, ce Saint-Pastou est un cancre, un grigou! Jamais il ne donne de pourboire. Et il est d'une morgue! Comme il n'y a que lui de pensionnaire, il en abuse pour me mécaniser; mais patience!... Tantôt j'arrache le bourdon de sa sonnette, tantôt je l'enferme à double tour, crac!... (Lui prenant les bottes.) Donnez-moi cela, je vais les lui porter, ses bottes! (Les examinant.) Si ça ne fait pas pitié, ça se chausse à la confection !

Air : *Un homme pour faire un tableau.*

Quoiqu'il ait une position,
Il n'use jamais ses culottes,
Il se chausse à la confection...
Bien qu'il ait du foin dans ses bottes!
Moi j'ai des tailleurs pour amis,
Quelques bottiers ont ma pratique,
Près d' moi mon maître est si mal mis
Qu'il a l'air de mon domestique!
Il passe pour mon domestique!

(Il sort.)

SCÈNE III.

MADAME BEAUMINOIS, BEAUMINOIS, puis SEPTIME; SAINT-PASTOU, à la cantonade; puis un FACTEUR.

BEAUMINOIS, prenant la taille de sa femme et l'embrassant.

Bonjour, bichonne. Voici les *Petites Affiches?* Espérons que ça nous amènera aujourd'hui quelque poisson dans la nasse...

SAINT-PASTOU, criant de sa chambre.

Animal! triple imbécile!

SEPTIME, ressortant avec les bottes.

Ne vous inquiétez pas; c'est son habitude. Il paraît que ce ne sont pas ses bottes, c'est son chocolat qu'il veut.

MADAME BEAUMINOIS.

Tu lui donneras le mien.

SEPTIME.

Trop tard, madame, trop tard : je l'ai pris. Dam! écoutez donc, il est dix heures du matin et je me suis levé à neuf. Charité bien ordonnée commence par soi-même.

MADAME BEAUMINOIS, à part.

Quel cynisme!

SEPTIME.

Mais je puis lui servir le café au lait de monsieur et ses brioches.

BEAUMINOIS.

Par exemple!

UN FACTEUR, entrant.

Six sous... c'est une lettre de Cahors.

BEAUMINOIS.

A monsieur Saint-Pastou... (Il paye. — Le facteur sort.) C'est bien... écriture inconnue. (A Septime.) Va la lui porter.

SEPTIME.

Sans la lire?

BEAUMINOIS.

Parbleu! Sans la lire!

SEPTIME.

Attendez que j'aille lui chercher son café au lait... (A Beauminois.) Votre café au lait! votre café! Dam! un pensionnaire! ça passe avant tout! (Il sort, puis rouvrant la porte et passant la tête. Vous avez voulu avoir un pensionnaire!

SCÈNE IV.

MONSIEUR ET MADAME BEAUMINOIS.

BEAUMINOIS.

Ça passe avant tout! Oui, mais ce n'est pas une raison pour me passer, moi, de déjeuner! Je trouve ce Septime... sévère!

MADAME BEAUMINOIS.

Je vais dresser la table.

BEAUMINOIS.

Et moi je ferai la cuisine, n'est-ce pas? Je sais bien que c'est dimanche aujourd'hui et que j'ai congé à mon bureau.

MADAME BEAUMINOIS, prenant un livre sur la table.

Voici la *Cuisinière bourgeoise*. tirez-vous-en... Moi je ne suis pas faite pour ces soins vulgaires!... (A part.) Ne lui disons pas que j'ai ciré tout à l'heure le cuir de Saint-Pastou...

BEAUMINOIS, s'affublant d'un tablier de bonne.

Il en sera fait ainsi que vous l'ordonnez, madame! (Ouvrant le livre.) *Rognons à la brochette... petits pois... menus du baron Brisse...*

MADAME BEAUMINOIS.

Il suffit! Courez vite au marché... courez!

BEAUMINOIS.

Avec ce tablier?

MADAME BEAUMINOIS.

Pourquoi pas? A votre place, je mettrais la robe et le caraco que la dernière bonne nous a laissés... vous payerez moins cher.

BEAUMINOIS.

Tu crois, Athénaïs? Au fait, c'est une idée.

MADAME BEAUMINOIS.

Partez donc, et revenez vite. — Vous trouverez le fourneau allumé par Septime. C'est tout ce que je peux lui commander à ce garçon!

ENSEMBLE.

AIR :

Dépêchez-vous,
Rapportez-nous
Un vrai dîner
Dans ce panier;
Que ce repas
Soit plein d'appas;
Nous en ferons nos choux gras!

(Beauminois sort.)

SCÈNE V.

MADAME BEAUMINOIS, SAINT-PASTOU, puis SEPTIME.

SAINT-PASTOU, en caleçon, entr'ouvrant la porte.

Eh bien, ce chocolat? (Voulant rentrer, par pudeur.) Madame Beauminois...

MADAME BEAUMINOIS.

Ne vous impatientez pas, cher monsieur Saint-Pastou; seulement, c'est du café au lait.

SAINT-PASTOU, sortant habillé.

Vous me faites bouillir! Le café au lait, le déjeuner des concierges! Ah! fi! M'expliquerez-vous cette substitution à mon cacao?

SEPTIME, arrivant avec un plateau où il y a une tasse de lait et une lettre.

Voilà la chose...

SAINT-PASTOU, furieux.

Toi, je vais te casser les reins!

SEPTIME, déposant son plateau, à gauche, avec une emphase comique.

Sire de Saint-Pastou, frappez, mais écoutez-moi! J'ai cru remarquer que le chocolat à la vanille vous échauffait prodigieusement.

SAINT-PASTOU.

Idiot! (Goûtant le lait.) Mais ce lait n'a pas de sucre... le sucrier?... le sucrier?...

SEPTIME.

Ah! madame a la clef de son armoire... Si madame me l'ordonne...

SAINT-PASTOU.

Sapredié! voilà qui dépasse les bornes : tous les jours la même comédie. Est-ce que je paye ici ma pension, oui ou non?

MADAME BEAUMINOIS.

Eh bien, oui et non, vous êtes devenu d'une exigence...

SAINT-PASTOU.

Ah! c'est trop fort! pour cinq cents francs par mois être traité de la sorte! J'éclate à la fin!

Air du *Charlatanisme*.

Quel esclavage en ce logis,
Pour cinq cents francs, vrai, c'est unique,
Je fais ma chambre, mes habits...
Et je possède un domestique!
J'allume ma lampe et mon feu,
Et je me sers moi-même à table;
(Montrant Septime.)
De ce maraud je fais le jeu
Et l'on vient m'appeler, morbleu!
Un pensionnaire insupportable! (*bis*.)

C'est révoltant, ma parole d'honneur!

SEPTIME.

Rage-t-il!

SAINT-PASTOU.

Je n'ai plus qu'une nièce... l'enfant de ma sœur; je ne l'ai jamais vue; à elle revenait de droit ma succession, mais la petite coquine veut absolument tâter du théâtre... Pouah... elle ose prétendre qu'elle a du feu, de l'intelligence!

SEPTIME, négligemment.

Du *chien*, comme disent les vaudevillistes. (Avec fierté.) J'en ai servi quelques-uns!

SAINT-PASTOU, voyant la lettre.

Une lettre de Cahors! Je reconnais son écriture... à cette chère sœur! (Parcourant rapidement la lettre.) Que m'apprend-elle! ma nièce Adeline quitte le pays et vient chercher une condition à Paris! (Septime met le couvert pendant ces répliques.)

MADAME BEAUMINOIS.

La dit-on jolie?

SAINT-PASTOU.

Que trop! Quel malheur qu'elle rêve les planches! Ah la toquade du théâtre!... ça vous perd les jeunes filles!

MADAME BEAUMINOIS.

A Cahors surtout.

SAINT-PASTOU.

Hélas!

Air de *Marianne*.

Que prend-il à ces demoiselles
De se croire le feu sacré?
Car il paraît qu'en leurs cervelles
C'est un système bien ancré.
La figurante
La moins charmante
Rêve jouer Célimène aux Français:
Cette ingénue,
Cocotte ou grue,
Prend dix amants pour se faire un succès.
Quand l'art est traité de la sorte,
Moi, je pense tout bêtement
Qu'au lieu d' prendre la ramp', vraiment
Ell's devraient prendr' la porte! (*bis.*)

Je hais le théâtre, moi, même avec des billets de faveur. Le théâtre, c'est ce qui m'a fait la déshériter, cette pauvre Adeline!

MADAME BEAUMINOIS.

C'est dur!

SAINT-PASTOU.

Et d'abord, en aurait-elle eu du talent, ma nièce? ça ne se trouve pas sans peine une réputation, un nom... Tenez, moi qui vous parle, j'aurais été parfait dans les financiers...

MADAME BEAUMINOIS, à part.

C'est vrai, avare et bourru.

SAINT-PASTOU.

J'avais de la somptuosité dans le geste. (Il arrondit son bras.) J'aurais su tirer convenablement une bourse de mon frac... (Il tire son porte-monnaie.) et la jeter, comme ceci, à mon fripon de valet. (Il le jette.)

SEPTIME, le ramassant par derrière.

Merci!

SAINT-PASTOU.

Comment, maraud!

SEPTIME, ouvrant la bourse, à part et comptant :

Trois francs cinquante centimes... je suis volé! (Il glisse dans sa poche le contenu, rend à Saint-Pastou sa bourse vide, puis arrange les assiettes.)

SCÈNE VI.

LES MÊMES, BEAUMINOIS.

(Il est vêtu des pieds à la tête de la robe, du bonnet et du châle de la dernière bonne. Il pose son panier à droite.)

BEAUMINOIS.

Ouf! je n'en puis plus! en voilà un métier! Mais aussi quel brochet! (Il montre un grand poisson.)

MADAME BEAUMINOIS.

Ça, un brochet? c'est un cabillot!

SEPTIME, haussant les épaules.

Vous me faites pitié! — Et ceci?

BEAUMINOIS.

C'est un lièvre!

SEPTIME.

Un lièvre?... mais c'est un chat empaillé!

BEAUMINOIS.

Pas possible! Ils me l'auront mis dans mon panier... atroce substitution! Au moment où je voyais dans l'étalage d'une bouchère entrer une belle... une délicieuse jeune fille...

MADAME BEAUMINOIS, le pinçant.

Achevez!...

BEAUMINOIS.

J'arrive à Paris, a-t-elle dit; je cherche une condition, vous me plaisez, vous me patronnerez, topez là! ma petite vieille, nous partagerons la grenouille.

MADAME BEAUMINOIS.

Par exemple!

SEPTIME.

C'est une gaillarde élevée à la bonne école! Je m'y connais!

BEAUMINOIS.

J'ai alors usé d'une diplomatie fabuleuse... Mademoiselle, lui ai-je répondu, je suis une honnête fille... (Septime éclate de rire.) J'appartenais hier encore aux époux Beauminois, couple respectable... (Septime rit plus fort.) Qu'as-tu donc à rire?

SEPTIME.

Absolument rien! Seulement c'est cocasse!

BEAUMINOIS.

Cocasse, ou non... j'ai flairé en cette jeunesse une bonne premier numéro, je lui ai donné notre adresse et elle m'a promis de venir cette journée même.

MADAME BEAUMINOIS, avec une effusion bouffonne.

Tu as arrêté une bonne, une bonne!... lorsqu'en dépit de nos recherches et de nos réclames dans les *Petites Affiches*, il ne nous en venait plus! Hector, tu es un grand homme!

BEAUMINOIS, avec orgueil.

Il s'en présentera, madame Beauminois, il s'en présentera!

SAINT-PASTOU, qui, pendant ces répliques, a écrit sa réponse à sa sœur, à gauche.

Gardez-vous bien d'en douter... En attendant, voyons venir ce fameux déjeuner... J'ai une faim...

BEAUMINOIS.

Compris! je cours à mes nouvelles fonctions! Je veux garder, bobonne, ces vêtements d'un autre sexe; ils m'ont réussi déjà. Tù sais quelles difficultés nous avions à trouver des domestiques!

AIR du *Petit Courrier*.

Nous en avions usé, je crois,
Au moins de seize, au moins de trente;
Pas moyen d'avoir de servante!
Enfin nous étions aux abois.

SAINT-PASTOU.

Aisément je comprends leur fuite.
Tout le jour elles écumaient,
Et ce n'était pas la marmite,
Mais madame qu'elles quittaient! (*bis*.)

(On entend un grand fracas dans la coulisse.)

MADAME BEAUMINOIS.

Qu'est-ce encore?

SEPTIME.

C'est la bonne annoncée qui nous arrive avec ses malles.

ALICE, à la cantonade.

Bagasse de bagasse! il n'y a donc personne dans cette cassine?

SCÈNE VII.

LES MÊMES, ALICE, en costume provençal.

TOUS.

Quelle est cette jeunesse?

ALICE, avec l'accent marseillais.

Oui je suis, troun dé l'air! Je me nomme Alice pour vous servir, je suis de Marseille.

SAINT-PASTOU.

Une échappée de la Canebière.

ALICE.

Oui, mon pichoun, j'ai rencontré ce matin au marché la bonne que voici... (Elle montre Beauminois.) et qui m'a dit que vous aviez besoin d'une fille de cuisine.

SAINT-PASTOU.

A la provençale ! (Bas à Beauminois.) Si elle entre ici, j'en sors, merci ! de la bouillabaisse ! horreur !

SEPTIME, à part.

Elle me botte !... Est-elle futée ?

ALICE.

Tous mes maîtres, ils ont été contents de moi.

BEAUMINOIS.

On le serait à moins... Les jolies jambes !

ALICE, tapant sur la joue de Beauminois.

Té, elle me va, cette bonne grosse mère.

SEPTIME, à part.

Grosse mère !

MADAME BEAUMINOIS, à son mari, bas.

Pas de bêtises au moins, Hector ! Aidez-la, mais ne la lutinez pas autrement.

SEPTIME, qui a entendu, à part.

Je veillerai au grain. (Haut.) Moi aussi, mam'zelle, je vais vous aider à faire le déjeuner.

ALICE, à madame Beauminois.

Dé qué ? — C'est votre domestique ?

SEPTIME, avec fierté.

Valet de chambre, s'il vous plaît...

ALICE, lui faisant la révérence, ironiquement.

Pour vous servir, monsieur !

SEPTIME.

Elle va m'obéir... en attendant mieux.

BEAUMINOIS, à Alice.

Venez.

ENSEMBLE.

Air : *Tenez, tenez...* (*Paris à l'Exposition.*)

Partons sans lésiner,
Soigner le déjeuner,
Et courons aux fourneaux
Créer des plats nouveaux ;
Soignons bien le repas,
Ne nous endormons pas

Sur le rôti, surtout ;
Allons, veillons à tout !

(Ils s'en vont vers la cuisine.)

SCÈNE VIII.

MADAME BEAUMINOIS, SAINT-PASTOU.

MADAME BEAUMINOIS.

Comment la trouvez-vous ?

SAINT-PASTOU.

Hum ! hum ! encore une qui ne fera pas long feu ici... elle n'a pas l'air d'avoir sa langue dans sa poche .. Quelle platine !

MADAME BEAUMINOIS.

Elle est jolie !

SAINT-PASTOU.

Qu'est-ce que ça me fait ? Cuisine-t-elle bien ? Voilà le hic !

MADAME BEAUMINOIS.

Je croyais que vous aimiez les jolies femmes.

SAINT-PASTOU.

Les jolies femmes, oui, mais le solide avant l'agréable. (Bas.) Si elle était seulement tournée comme vous !

MADAME BEAUMINOIS, minaudant.

Monsieur Saint-Pastou !

SAINT-PASTOU.

Je ne m'en dédis pas, — je trouve ce Beauminois un heureux coquin !

MADAME BEAUMINOIS.

Coquin, avez-vous dit ?

SAINT-PASTOU.

Coquin ou c..., enfin, c'est son affaire... (A part.) Si je faisais la cour à sa femme ?

MADAME BEAUMINOIS.

Que marmottez-vous ?

SAINT-PASTOU.

Rien... femme adorable ! (Il se rapproche d'elle.)

MADAME BEAUMINOIS.

Comment, vous! qui tout à l'heure encore me trouviez méchante, acariâtre ?...

SAINT-PASTOU.

Je ne sais où j'avais les yeux! Vous êtes ravissante...

MADAME BEAUMINOIS, à part.

Il compte peut-être sur une diminution dans le prix de sa pension... (Haut.) Mais je dois vous quitter pour aller à la cave chercher un certain panier de mâcon.

SAINT-PASTOU.

Me permettrez-vous de vous aider, car je vous devine, vous voulez fêter votre nouvelle cuisinière! Pourvu qu'elle ne mette pas de l'ail dans tout! Ces Marseillaises le poussent jusqu'au fanatisme!

MADAME BEAUMINOIS.

Rassurez-vous, ils sont trois à faire la cuisine.

SAINT-PASTOU, riant.

Trois dont deux bonnes, votre mari porte une jupe.

MADAME BEAUMINOIS.

Aimeriez-vous mieux qu'il portât les culottes ?

SAINT-PASTOU.

Toujours le mot pour rire! (Il allume un rat-de-cave et prend un panier à vin.) Descendons.

SCÈNE IX.

LES MÊMES, BEAUMINOIS, se heurtant à eux.

BEAUMINOIS.

Prenez donc garde!

SAINT-PASTOU.

Nous allons vous chercher du mâcon.

BEAUMINOIS.

Alors, méfiez-vous de l'escalier! J'y suis tombé l'autre jour. (Madame Beauminois et Saint-Pastou sortent.) Tout de même, voilà une étrange cuisinière! Elle ne sait rien de rien, et sans les conseils de Septime... il me tarde de la désabuser sur mon sexe. (Il se déshabille.)

AIR : *Une fille est un oiseau.*

De ce costum' toutefois
A regret je me délivre ;
On m'offrait le sou pour livre
Et quarante francs par mois.
J'eusse enfoncé feu Carême ;
Mon chef de bureau lui-même
Eût applaudi ce système ;
Ainsi nous nous équipons
Quand nos femmes, ces despotes,
Nous ayant pris nos culottes,
Nous font porter leurs jupons ! (*bis.*)

Pourtant, je veux reprendre ici les rênes du gouvernement.

SCÈNE X.

BEAUMINOIS, ALICE, puis MADAME BEAUMINOIS et SAINT-PASTOU.

ALICE.

Quésaco ! Un étranger ici ?

BEAUMINOIS.

Dites votre maître, Alice, votre maître qui brûle de vous donner le denier à Dieu !... (Il l'embrasse.) J'ai cru mordre à une pêche.

ALICE, le considérant et riant.

Quésaco ! C'est inouï comme vous ressemblez à votre ancienne bonne ! Où est-elle passée ?

BEAUMINOIS.

J'ai réglé son compte, c'était convenu, je l'ai fichue à la porte !

ALICE.

A cause de moi ?

BEAUMINOIS.

A cause de toi, mon canard, mon lapin bleu, mon ange ! (Il lui donne dix francs. A part.) En avant les grands moyens ! (Haut.) Voilà pour tes gages.

ALICE.

Et ce monsieur qui était là, tout à l'heure, votre pensionnaire ? (Ici apparaissent Saint-Pastou et madame Beauminois.)

BEAUMINOIS.

Saint-Pastou ? Un vieil avare ! un gueux !

SAINT-PASTOU, à part.

Merci !

ALICE, se défendant parce qu'il veut l'embrasser.

Et votre femme ?

BEAUMINOIS.

Dure, impérieuse, criant toujours ! (Il veut encore l'embrasser.)

SEPTIME, de la cuisine.

Mam'zelle ! les côtelettes brûlent. (Alice part en courant.)

MADAME BEAUMINOIS, donnant un soufflet à son mari.

Et la joue aussi va vous brûler... n'avez-vous pas de honte à votre âge ?

SAINT-PASTOU, à Beauminois.

Vos armes ? Monsieur, vos armes ? Le sabre ou le chassepot ?

BEAUMINOIS.

Ah çà, sont-ils fous ? à qui en veulent-ils donc ?

SCÈNE XI.

LES MÊMES, SEPTIME.

SEPTIME, entrant avec un plat.

Voilà le cabillot.

SAINT-PASTOU, à Beauminois.

Motus ! nous nous retrouverons. (Chacun s'assied à table.)

SEPTIME, renversant la sauce sur Beauminois.

Aïe ! aïe !

BEAUMINOIS.

Me voilà bien ! butor ! feignant ! cuistre !

ALICE, survenant.

Quel est ce bruit? (Elle avance une chaise et veut se mettre à table.)

MADAME BEAUMINOIS.

Comment! à ma table! une domestique!

SEPTIME, laissant tomber le flacon.

Dieu de Dieu! voilà qui est raide!

ALICE.

Quésaco! Je dînais toujours à Marseille avec mes maîtres... (Déployant sa serviette.) Qu'ils en étaient même très-honorés!

SAINT-PASTOU.

A Marseille, oui, mais à Paris!...

ALICE, à Septime.

Toi, mon bon, tu vas me servir.

SEPTIME, hésitant.

Mais...

ALICE, lui donnant un soufflet.

Il n'y a pas de mais! imbécile!

SEPTIME.

Elle m'a frappé, elle, une simple femme!...

SAINT-PASTOU.

C'est la journée aux soufflets! cela promet de m'amuser! (Goûtant le cabillot.) Rien que de l'ail! et elle s'assied avec nous, c'est trop fort!

MADAME BEAUMINOIS.

Les bras m'en tombent!

SEPTIME.

Si elle n'était pas si jolie, je demanderais mon compte.

MADAME BEAUMINOIS.

C'est intolérable! une sauce à l'échalotte!

BEAUMINOIS, à sa femme, bas.

Ménagez-la! songez que nous ne pouvons en garder une.

ALICE, familièrement, à madame Beauminois.

Vous ne connaissez pas le Château vert, le Prado, la Cannebière? Voilà où l'on sait manger et s'amuser à Marseille; Ah! Marseille! la jolie ville, j'en sais quelque chose.

SAINT-PASTOU.

Ah! vous en savez?...

ALICE.

Des chansons! Bagasse! un tas de chansons... je puis vous servir ces petits hors-d'œuvre-là.

SAINT-PASTOU.

Des hors-d'œuvre à l'ail!

BEAUMINOIS.

Bravo! Allez-y de n'importe quoi. (Septime verse à boire.)

ALICE.

Voilà. — Premier couplet!

I.

(*Air nouveau de M. Raspail.*)

Qu'il était beau le matelot
Du cabaret de la Joliette!
Comme il savait vider un broc
En y mouillant sa chansonnette!
Mais le gas était amoureux,
La cabaretière était belle...
Et savait aussi, la cruelle,
Que l'amour du pauvre gueux
Sonnait creux
Tout autant que son escarcelle!

Mon pitchoun matelot, tout beau,
Retournez faire un tour sur l'eau!

TOUS, reprise en chœur et en trinquant.

Mon pitchoun matelot, tout beau,
Retournez faire un tour sur l'eau!

BEAUMINOIS.

Elle m'émoustille, elle a du galoubet!

ALICE.

Deuxième couplet!

II.

(*Même air.*)

Il revint sans or, ni gabion,
Le plus pauvre de l'équipage,

Et dans sa chasse au million
Son bras gauche avait fait naufrage.
Mais à sa bravour', sans façon,
La cabaretière fit fête,
Et l'on baptise à la guinguette,
Chaque année à l'unisson,
Un garçon
En mêm' temps qu' le vin d'un' feuillette!

Mon pitchoun matelot, tout beau,
N'allez plus faire un tour sur l'eau!

TOUS, reprise.

Mon pitchoun matelot, tout beau,
N'allez plus faire un tour sur l'eau!

(Tous lèvent le siége.)

BEAUMINOIS.

Saperlipopette, pristi, sapristi! elles vous ont un coup d'œil ces Marseillaises... je suis ravi!

MADAME BEAUMINOIS.

Quant à moi, jamais je n'ai plus mal déjeuné. (A Saint-Pastou.) Je ne saurais la garder plus longtemps...

SAINT-PASTOU, bas.

Laissez-moi la renvoyer. (Haut.) Mademoiselle, vous faites trop bien la cuisine pour manquer jamais de place. Il y a peut-être des maisons où vous avez été admise à fonctionner à table avec vos maîtres, mais ce ne sera pas dans une maison respectable comme celle-ci.

ALICE.

Par exemple! (Elle commence à pleurnicher.)

SEPTIME, à part, avec dédain.

Ce Saint-Pastou, il est dur, très-dur!

ALICE.

Pécayre! Ainsi vous me renvoyez? (A Beauminois.) Mais vous êtes le maître, monsieur, hi! hi! (Elle pleure.)

BEAUMINOIS, à Saint-Pastou.

Vous faites pleurer les femmes, monsieur Saint-Pastou? Voyez, elle a l'air d'un fleuve!

ALICE, *changeant de ton, à Beauminois.*

Saint-Pastou! attendez donc? Saint-Pastou, c'est un nom connu dans nos parages, il y a beaucoup de Saint-Pastou.

SEPTIME, *à part.*

Tant pis!

ALICE.

Il y en a un qu'on appelle le bon Saint-Pastou, parce que sa bourse est ouverte à tous les pauvres, l'autre Saint-Pastou, l'avare, parce qu'il ne fait jamais l'aumône.

SAINT-PASTOU, *à part.*

D'où sait-elle cela?

ALICE.

Ce dernier Saint-Pastou a déshérité sa nièce Adeline... laquelle s'est noyée de chagrin, dit-on.

SAINT-PASTOU.

Noyée?...

ALICE.

On n'a retrouvé du moins que son fichu et son bonnet.

SAINT-PASTOU.

Grand Dieu! mes jambes flageollent.

ALICE, *à Saint-Pastou.*

Vous avez l'air tout chose à présent... c'est peut-être le cabillot?

SAINT-PASTOU.

Je demande à parler à mademoiselle en particulier.

ALICE.

Accordé! (*A part.*) Je reste; j'en étais sûre.

BEAUMINOIS.

Il y a un secret entre eux, respectons-le.

MADAME BEAUMINOIS.

C'est égal! voilà une bonne qui ne fera pas de vieux os ici!... Manger à table, c'est trop fort!

(*Sortie de M. et de madame Beauminois — Septime reste au fond.*)

SCÈNE XII.

ALICE, SAINT-PASTOU, SEPTIME.

SEPTIME.

Oh! oui, c'est trop fort!

SAINT-PASTOU, à Septime.

Tu vas t'en aller!

SEPTIME.

Du tout!

SAINT-PASTOU.

Comment! du tout! (Il marche sur lui la main levée.)

SEPTIME.

Ne m'approchez pas! je ne permets qu'à ce sexe faible (Montrant Alice.) d'user de sa force, je veux veiller sur mademoiselle.

SAINT-PASTOU, le poussant à la porte.

Veille à faire ma chambre, drôle, ça vaudra mieux.

SEPTIME.

Heureusement qu'il y a ici un œil-de-bœuf, collons-y le nôtre.

SCÈNE XIII.

ALICE, SAINT-PASTOU, SEPTIME.

SAINT-PASTOU.

Mademoiselle, à certaines paroles qui vous sont échappées, j'ai cru voir que vous connaissiez ma famille. — Vous avez devant vous Oscar-Palamède Saint-Pastou, célibataire et sans profession, n'ayant qu'une nièce sur le sort de laquelle vous m'avez violemment ému tout à l'heure. Je ne l'ai jamais vue, mais elle aurait votre âge... Une récompense honnête vous attend si par vos indications on la retrouve.

ALICE.

J'y ferai tout mon possible; en attendant vous avez été cruel pour moi : me renvoyer pour si peu, que vais-je devenir?

AIR : *Là-bas je revois ma Bretagne. (Enfers de Paris.)*

Sur le pavé de la grand'ville
On prétend
Que se tenir est difficile,
C'est glissant,
J'sais bien que c' n'est pas d'la p'tit' bière
Que Paris,
Mais croyez-moi, la Canebière
A son prix.
Mon parti, monsieur, est bien pris, } *bis.*
Je vais retourner au pays! }

(Elle sanglote.) hi, hi, hi!

SAINT-PASTOU.

Bon! elle va recommencer à pleurer!

SEPTIME, se montrant à l'œil-de-bœuf.

Qu'est-ce qu'ils peuvent se chanter? (Air d'orgue dans la rue.)

ALICE, avec joie.

Té, un orgue? un air de là-bas! de mon pays, de ma belle Provence!... (Elle se met en mouvement pour danser. A Saint-Pastou.) Voyons, monsieur, votre main.

SAINT-PASTOU.

Mais permettez! (L'orgue joue la valse.)

ALICE, emboîtant le pas à Saint-Pastou.

Je vais vous montrer.

SEPTIME.

La voilà qui danse! (A la fin de la valse, Saint-Pastou l'embrasse.)

SCÈNE XIV.

LES MÊMES, M. ET MADAME BEAUMINOIS.

MADAME BEAUMINOIS, à Saint-Pastou, qui retombe essoufflé sur un fauteuil.

En croirai-je mes yeux! Vous dansez. C'est donc là l'entretien particulier que vous réclamiez?

SAINT-PASTOU, regardant Alice.

Elle est ravissante!

MADAME BEAUMINOIS.

Ravissante ou non, je la chasse!

ALICE, fièrement.

Eh bien, soit! mais Dieu vous préserve de tomber sur pire que moi. Il n'y en a pas à remuer à la pelle des filles comme nous. Bonsoir, la compagnie! (Elle jette son tablier.)

SEPTIME descendant de son œil-de-bœuf.

Opposons-nous à sa fuite, courons!

SCÈNE XV.

M. ET MADAME BEAUMINOIS, SAINT-PASTOU, puis SEPTIME.

BEAUMINOIS.

En voilà encore une qui nous plante là... Toutes nous rendent leur tablier!

SAINT-PASTOU.

C'est désolant de blanchissage!...

MADAME BEAUMINOIS.

Ah! nous débutons bien aujourd'hui, et la journée n'est pas finie...

SEPTIME, entrant essoufflé.

Ouf! une chaise!... (Il s'assied.) S'éreinte-t-on assez ici au service de ses maîtres! Quelle maison! quelle corvée!... Pour moi, j'y renonce... (Il se verse à boire.) Ah! madame néglige bien sa livrée... elle la néglige trop!... (Il boit.) Heureusement que la cave de madame est fournie... je dirais même passablement fournie... (Il tend son verre à madame Beauminois, qui le remplit.)

MADAME BEAUMINOIS, versant.

Le chenapan!... Il en a déjà pris connaissance...

BEAUMINOIS.

Allons, mon ami, explique-toi?... (A part.) Quel joli gredin! si nous ne lui devions pas trois termes... (Il lui verse à boire.)

SEPTIME, après avoir bu.

Crédié !... délicieux bordeaux !... excellent cru !... (A Beauminois.) Je vous le recommande.

MADAME BEAUMINOIS, à part.

Il me fait bouillir à petit feu !... (A Septime, lui secouant le bras.) Voyons, vous expliquerez-vous... monsieur Septime !... Dites, que nous arrive-t-il encore?

SEPTIME.

Eh bien, il vous arrive... il vous arrive une autre bonne.

BEAUMINOIS.

Déjà !...

SEPTIME.

Oui, au moment même où j'allais courir après l'autre pour l'empêcher de se détruire, la malheureuse, elle était si triste !... (Éclats de rire dans la coulisse.) Bon, voilà l'autre qui rit maintenant.

SAINT-PASTOU.

De quel pays est-elle?

SEPTIME.

Je la crois belge... à moins toutefois qu'elle ne soit de Nanterre.

MADAME BEAUMINOIS.

Va la chercher. (Septime sort.)

SAINT-PASTOU.

En consomme-t-on ici des bonnes! En consomme-t-on !

SCÈNE XVI.

LES MÊMES, GERTRUDE.

GERTRUDE, à Septime.

Godferdom ! Que c'est sale votre cuisine !... (A madame Beauminois.) La patronne, sans doute? (Elle fait la révérence.)

MADAME BEAUMINOIS.

Elle-même !... Qui vous envoie ici?

GERTRUDE.

Le bureau de placement de la place Maubert, saveye! (Elle lui présente son livret et, pendant que madame Beauminois l'examine, elle inspecte l'appartement.) Votre salon est bien, très-bien, mais tes pincettes... Pouah! (Elle montre le foyer.)

SAINT-PASTOU, avec mépris.

Vous et toi, dans la même phrase : quelle richesse d'expressions!

GERTRUDE.

Pour lors, je restais à Bruxelles, à la verte Alleye, oùs qu'il y a une canette d'argent pour enseigne, savez-vous? Je servais là mes compatriotes, tous de bons enfants, des loustics, va!... Mon nom est Gertrude Van Cuyhem. (A madame Beauminois.) Vous serez contente de moi. (A Beauminois.) Toi aussi!

SEPTIME, à part.

Elle le tutoie!

GERTRUDE.

Madame me prend à l'essai!

MADAME BEAUMINOIS.

Sans doute! Les renseignements sont bons!

GERTRUDE.

Bien, voilà mes conditions : cinquante francs par mois, un tapis dans ma chambre et seize bouteilles de lambic par semaine.

SEPTIME, à part.

Miséricorde! c'est un tonneau!

GERTRUDE.

Puis du squidam, du genièvre, puis encore le sucre et le café avec un peu de rack et de rhum.

SAINT-PASTOU.

Quel fier coffre!

MADAME BEAUMINOIS.

Enfin, que savez-vous faire?

GERTRUDE.

Nettoyer, godferdom!

SEPTIME.

Nettoyer?

GERTRUDE, tirant un flacon de sa poche.

Tenez, voici qui vaut toutes les eaux de cuivre de la terre. (Elle en verse une goutte sur la manche de Septime.) Avec cela je rends luisants les chenets, les casseroles, les boutons de porte!...

SEPTIME, se dégageant.

Permettez! permettez, vous ne nettoyez pas les domestiques!

GERTRUDE.

Pourquoi pas?

MADAME BEAUMINOIS.

Mais la cuisine?

GERTRUDE.

Jamais! C'est l'affaire de la cuisinière.

SAINT-PASTOU.

Bon!

MADAME BEAUMINOIS.

La chambre?

GERTRUDE, montrant Septime.

C'est l'affaire du domestique!

SEPTIME.

Par exemple!

BEAUMINOIS.

Ainsi, mademoiselle, c'est tout ce que vous savez?

GERTRUDE.

Air : *Je sais attacher des rubans.*

Eh! quoi donc, n'est-ce point assez?

MADAME BEAUMINOIS, avec ironie.

Ça doit vous fatiguer; — j'enrage!
Dès longtemps vous vous exercez,
Je le vois, aux soins du ménage.

GERTRUDE.

Godferdom! ah! je le crois bien,
Aussi je ferai votre affaire!

MADAME BEAUMINOIS, à Saint-Pastou.

Mais cette bonne ne fait rien!

SAINT-PASTOU.

C'est une bonne pour tout faire! (*bis.*)

MADAME BEAUMINOIS.

En ce cas vous pouvez chercher ailleurs une autre condition, parce que je n'ai pas besoin d'une feignante. Nettoyez les chenets et les boutons de porte tout à votre aise, mais tournez-moi les talons!

GERTRUDE.

Fort bien! Mais madame me permettra bien d'attendre ma cousine la Basque dans la pièce voisine! Elle doit venir m'y chercher bientôt.

MADAME BEAUMINOIS.

J'y consens.

BEAUMINOIS, à sa femme.

C'est dommage! elle aurait tenu le salon propre... Ce Saint-Pastou qui crache sur tous les meubles...

GERTRUDE, donnant un franc à Septime.

Vous, allez me chercher une bouteille de bière.

SEPTIME.

Vingt sous! elle a de l'argent! ne la perdons pas de vue! (A Gertrude.) Passez par ici, mademoiselle, par ici. (Il la fait entrer à gauche.)

SCÈNE XVII.

MONSIEUR ET MADAME BEAUMINOIS, SAINT-PASTOU.

MADAME BEAUMINOIS.

En voilà une propre-à-rien! ça vous a un aplomb! J'ai hâte de me débarrasser de pareilles servantes...

SAINT-PASTOU.

Et de deux; quand nous serons à dix, nous ferons une croix. (On sonne.) Décidément on en veut à la sonnette! et ce fainéant de Septime qui n'est jamais là!... (Il sonne et appelle.) Septime! Septime!...

SEPTIME, entrant avec les malles de la Belge.

Voilà!... voilà!...

SAINT-PASTOU.

Mais tu es donc sourd, animal! On te sonne depuis une heure!...

SEPTIME.

Qui ça?... Où?...

BEAUMINOIS.

Mais dehors... à la porte..., et tu restes là les bras croisés!...

SEPTIME.

Ah! vous appelez ça rester les bras croisés!... (Il tend à Beauminois et à Saint-Pastou les deux valises.) Pesez-moi donc ça, monsieur!... mais c'est lourd, très-lourd!... La Belge m'a dit de lui descendre ses malles... (On sonne très-fort.) On y va... on y va... (Il laisse aux mains de Saint-Pastou et de Beauminois les valises et se sauve.)

PÉPA, dans la coulisse.

Ma cousine!... ma cousine!...

MADAME BEAUMINOIS.

Bon! voici sa cousine maintenant! (A Pépa, dans la coulisse.) Par ici, mademoiselle! (Pépa s'introduit, elle est vêtue en Basque.) (1)

SCÈNE XVIII.

LES MÊMES, PÉPA.

(Elle entre en fumant une cigarette; elle a des castagnettes aux mains.)

PÉPA.

Caramba! je suis inquiète de Gertrude. Où a-t-elle pu passer?

MADAME BEAUMINOIS.

Vous êtes parente de cette malheureuse?

PÉPA.

Mais oui...

MADAME BEAUMINOIS.

C'est votre cousine Gertrude... germaine, je veux dire?...

(1) La promptitude de ces changements de costume ne saurait effrayer l'actrice: ils ont été prévus par la mise en scène.

PÉPA.

Sans doute, je venais la chercher...

MADAME BEAUMINOIS, à part.

Une idée m'illumine!... pourquoi pas? Les Basquaises sont gaies, alertes; nous sommes peut-être bien tombés! (A Pépa.) Vous voulez servir?

PÉPA.

Comment donc, madame, une aussi belle maîtresse!

Air nouveau de M. A. Blangy.

Vous servir, je soupçonne,
Est bien doux;
Vous devez être bonne
Entre nous;
Moi je suis Andalouse
Et pourtant
Je suis, bien que jalouse,
Bonne enfant!
Toutefois je suis fière:
Un poignard
Dort à ma jarretière
En brocard!
J'aime les castagnettes,
Dansez-vous?
J'aime les cigarettes,
Fumez-vous?
Vous êtes si divine!
Je voudrais
Vous faire la cuisine
A jamais!
Vous servir, je soupçonne,
Est bien doux;
Vous devez être bonne
Entre nous!

MADAME BEAUMINOIS.

Elle est bien apprise! elle a de la tenue.

SAINT-PASTOU.

Oui, mais elle a l'œil dur. J'aurais peur de son poignard!

MADAME BEAUMINOIS.

Septime, montrez la chambre à mademoiselle.

SEPTIME.

J'y vais !

SAINT-PASTOU, fredonnant.

« *Avez-vous vu dans Barcelone?* »

MADAME BEAUMINOIS, à son mari.

Je crois que cette fois nous en tenons une

SAINT-PASTOU.

Je vais m'habiller... ma promenade ordinaire, au square Montholon.

MADAME BEAUMINOIS, à son mari.

Et nous, nous dînons aux Batignolles chez notre cousin Moulinard.

SAINT-PASTOU, à part, se frottant les mains.

Bravo. Je resterai seul avec la Basque ! (Pépa sort.)

MONSIEUR ET MADAME BEAUMINOIS.

Au revoir, monsieur Saint-Pastou ! (Ils sortent.)

SCÈNE XIX.

SAINT-PASTOU, seul.

Avoir voyagé, avoir traversé les mers pour me retrouver aux prises avec une Basque ou une Andalouse au teint bruni !... Car il faut aussi que celle-là s'en aille... J'aime le changement, moi ; c'est dans ma nature ! Aussi vais-je lui dire un mal affreux de ses maîtres... elle déguerpira comme les autres ! Plus souvent que je laisserais les époux Beauminois avoir une bonne ! Le va-et-vient du domestique me plaît, me distrait, me chatouille. — Peut-être finiront-ils pourtant par en trouver une !

Air : *On dit que je suis sans malice.*

Je le sais, c'est bien difficile,
On en rencontre une sur mille ;

Les unes veulent leur café,
Les autres du dindon truffé!
Celle-ci fait bien l'omelette;
Mais ell' rate la côtelette,
Enfin on est si mal servi
Qu'on se sert soi-même aujourd'hui! (*bis.*)

N'importe! cette Basque a du montant!

SCÈNE XX.

SAINT-PASTOU, PÉPA, SEPTIME.

PÉPA, entr'ouvrant la porte.

Sont-ils partis? Êtes-vous seul, monsieur?

SAINT-PASTOU.

Oui! (A part.) Que peut-elle avoir à me dire?

PÉPA, montrant à Saint-Pastou une lettre; — avec un soupir.

Ah! ciel! ô douleur!

SAINT-PASTOU.

Qu'y a-t-il?

PÉPA.

Il y a, monsieur, que je viens vous prier de faire vous-même mes adieux aux bourgeois.

SAINT-PASTOU.

Déjà!

PÉPA.

Oui, monsieur. Cette lettre que je reçois du pays m'apprend que mon amoureux, Pépo, est tombé au sort. Il va quitter Madrid. (Pleurant.) Hi! hi! hi! pour Mexico, oh! oh! oh!

SAINT-PASTOU.

Elle en est toquée!

PÉPA.

Je crois bien, monsieur, un si bel homme! d'abord, il est de Valence, et les Valenciens sont connus. Puis il était si aimé de mes parents! Un tambour-major m'avait recherchée pour le bon motif, Pépo l'a tué comme une mouche dans un duel au couteau. (Ouvrant un couteau énorme.) Voilà celui qu'il m'a laissé pour gage, monsieur. Oh! il faut d'abord que je me venge sur quelqu'un!... J'ai des nerfs, monsieur, j'ai des nerfs!

SAINT-PASTOU, se reculant.

Ça se voit bien, ça se voit même que trop.

PÉPA, rêveuse.

Aussi, je n'ai plus qu'un moyen d'en finir.

SAINT-PASTOU.

Lequel?

PÉPA, sortant.

Je ne serai pas longue à revenir.

SAINT-PASTOU, courant pour l'arrêter, se voit fermer la porte au nez.

Bon! me voilà bien! (Septime apparaît à l'œil-de-bœuf de la chambre.)

SEPTIME, à part.

Elle va venir, je ne suis pas fâché de savoir par quel moyen Saint-Pastou va la réduire. C'est qu'elle m'a joliment mis à ma place tout à l'heure!

SAINT-PASTOU, arrangeant la cage de la perruche.

Elle vous a une tête! Ah! dam! elle n'a pas pour rien du sang basque dans les veines! (Agaçant la perruche.) Et moi aussi j'ai du sang dans les artères, mon cœur bat, mon cerveau brûle... De mieux en mieux, à présent, c'est Cocotte qui me pince au sang.

PÉPA, un réchaud d'une main, un soufflet de l'autre; — tragiquement.

Voici!

SAINT-PASTOU, à part.

Est-ce qu'elle viendrait faire ici sa cuisine?

SEPTIME, à part.

Ce serait drôle!

PÉPA, à Saint-Pastou, qui a tiré la perruche de sa cage, et lui donne des pichenettes sur le nez pour la punir.

Quittez d'abord cet oiseau; je l'émancipe, il est libre! (Elle ouvre la fenêtre, la perruche part.)

SEPTIME.

Bon! les amours de Madame! Va-t-elle crier!

PÉPA, posant son réchaud au milieu de la chambre et confiant à Saint-Pastou le soufflet.

Soufflez!

SAINT-PASTOU.

Mais... (Il souffle le feu du réchaud. — A Pépa, qui prend des bandes de papier.) Que fais-tu là?

PÉPA, calfeutrant la fenêtre.

Vous le voyez, je calfeutre.

SEPTIME.

Ciel! avec ma collection du *Quatrième dernier mot de Rocambole!*

SAINT-PASTOU.

Comment! elle calfeutre... Eh mais! c'est cela... Ce réchaud plein de charbon, qu'elle me force à souffler;... elle veut s'asphyxier, la malheureuse!

PÉPA, d'un ton ampoulé.

Eh bien, oui, je ne veux pas survivre plus longtemps à mon désespoir... vous partagerez mon sort, monsieur; vous mourrez avec moi, n'est-il pas vrai? A votre âge on ne doit pas tenir beaucoup à la vie.

SAINT-PASTOU.

Permettez! Ce n'est pas du tout mon opinion!

PÉPA, ôtant la clef de la chambre, et la mettant dans sa poche.

Vous tremblez?

SEPTIME, à part.

Il y a de quoi!

SAINT-PASTOU.

Je ne tremble pas, je suffoque! L'air vital manque ici!

PÉPA.

Homme pusillanime! auras-tu donc moins de courage qu'une faible femme?

SEPTIME.

Ça tourne au cinquième acte! Je me crois aux premières loges de l'Ambigu.

SAINT-PASTOU.

De grâce!

PÉPA.

Non, point de grâce! Qui sait si tu n'as pas toi-même quelque crime à te reprocher! Interroge ta conscience. (Elle tire des cartes de son sein et fait le jeu.)

SEPTIME, à part.

Tiens! ils jouent aux cartes maintenant... Est-ce qu'elle voudrait lui faire une réussite?

PÉPA.

Eh! oui! En battant ces cartes, je vois que tu as abandonné lâchement une jeune fille... (Le faisant couper.) La fille de ta sœur... rien que cela!

SAINT-PASTOU, coupant machinalement.

O ciel!

SEPTIME.

En avale-t-il! en avale-t-il!

PÉPA.

Aussi est-elle morte, bien morte... elle s'est noyée dans un étang.

SAINT-PASTOU.

Grâce! grâce!

SEPTIME.

Comme on en apprend! Voyez-vous ce brigand de Saint-Pastou!

SAINT-PASTOU.

Mais la preuve, la preuve!

PÉPA, lui serrant le bras.

Les cartes me l'ont dit : en est-il besoin quand ta main tremble?... Vois, tu es glacé, ta voix râle!

SAINT-PASTOU.

Je le crois bien... ce charbon... (Il tousse.)

SEPTIME, à part.

Ça le fait tousser, je crois... (Il agite le vasistas de la lucarne.) Donnons-lui de l'air!

PÉPA.

Tu le vois, je dis vrai! (Regardant sa main.) Mais il y a aussi dans les lignes de cette main la ligne du meurtre, du crime à froid, raisonné.

SAINT-PASTOU.

Encore une fois, parlez, je ferai ce que vous voudrez, je...

PÉPA.

Écoute alors, mets-toi à cette table, et révoque l'acte par lequel tu as déshérité ta pauvre Adeline.

SAINT-PASTOU.

Adeline!... elle sait son nom!... (Il se place à la table.)

SEPTIME, à part.

Mon Dieu! lui ferait-elle signer des lettres de change!...

PÉPA, à Saint-Pastou.

Eh bien, es-tu prêt?

SAINT-PASTOU, se ravisant.

A quoi bon, puisqu'elle n'existe plus!

PÉPA.

On t'avait trompé : elle vit!

SAINT-PASTOU.

Quoi! vous sauriez en quel lieu... (Avec joie.) Je signe des deux mains, je signe! (Il écrit quelques mots à la hâte.)

PÉPA, ouvrant la fenêtre.

Respirez à l'aise maintenant, monsieur Saint-Pastou, ceci n'était qu'une épreuve, et dans peu... (Elle va vers la porte.)

SAINT-PASTOU.

Eh bien! elle s'évapore!

PÉPA, la porte à demi ouverte.

Dans peu, vous aurez de mes nouvelles.

SCÈNE XXI.

SAINT-PASTOU, puis M. et MADAME BEAUMINOIS, entrant.

SAINT-PASTOU.

Ouf! sapristi! je l'ai échappé belle! Entre l'asphyxie et ma nièce, il fallait choisir!

MADAME BEAUMINOIS, à son mari.

C'est étrange, comme ça sent la fumée! hum! hum! ça sent terriblement la fumée!

SAINT-PASTOU.

Vous trouvez ?

MADAME BEAUMINOIS, montrant la cage.

Miséricorde ! et ma cage ouverte ! ma perruche envolée ! Malheureux ! vous avez osé toucher à la vie privée !...

BEAUMINOIS.

Détournement de perruche !

MADAME BEAUMINOIS, avec un regard courroucé, à Saint-Pastou.

Et de mineure ! La bonne ! où est-elle, la bonne ?

SCÈNE XXII.

LES MÊMES, SEPTIME.

SEPTIME, une lettre à la main.

Madame, c'est une lettre, une lettre de la bonne pour M. Saint-Pastou.

MADAME BEAUMINOIS.

Quand je le disais ! (A Saint-Pastou.) Vous êtes son complice, c'est affreux ! monsieur! c'est affreux! Mais j'ai le droit de savoir ce que vous écrit ma domestique ; car c'était la seule que nous ayions arrêtée, la seule, entendez-vous ?

SAINT-PASTOU.

Permettez !...

MADAME BEAUMINOIS, lisant par-dessus l'épaule de Saint-Pastou.

Mon cher oncle... (On entend sonner.)

SAINT-PASTOU.

Bon ! à d'autres, maintenant !

BEAUMINOIS.

Serait-ce encore une bonne ?

SEPTIME, ouvrant la porte et annonçant avec cérémonial.

Mademoiselle Adeline !

SCÈNE XXIII.

LES MÊMES, ADELINE, en toilette de ville.

SAINT-PASTOU.

Adeline !

ADELINE.

Moi-même, mon oncle, qu'y a-t-il là d'étonnant ?

BEAUMINOIS, à part.

Beau brin de femme !

ADELINE.

J'ai voulu prouver à mon cher oncle que je jouais encore assez bien la comédie.

SAINT-PASTOU, à part.

Je suis pincé !

ADELINE.

Et cela m'a porté bonheur, car le capitaine Pépo...

SAINT-PASTOU.

Eh bien ?

ADELINE.

..... N'est jamais parti pour Mexico. Il est à Paris, et dès demain vous me ferez, je l'espère, l'honneur de signer à mon contrat : je l'épouse.

SEPTIME.

Je crois lire une nouvelle à sensation !

MADAME BEAUMINOIS, à son mari.

Fort bien ! Nous pouvons alors nous flatter d'être heureux en bonnes : moi, je reste toujours sans bonnes !...

BEAUMINOIS.

Hélas !

MADAME BEAUMINOIS.

Et sans perruche !

SAINT-PASTOU.

Pour la perruche, cela me regarde.

SEPTIME, à part, à madame Beauminois.

Écoutez mon conseil, madame. Contentez-vous de ce que vous avez sous la main.

MADAME BEAUMINOIS, hochant la tête.

Un joli sujet !

SEPTIME, ouvrant son livre de compte.

Un banquier, madame, un banquier ! Ne vous ai-je donc pas ouvert un crédit sur mon grand-livre ? (A voix basse.) Trois termes, songez-y !

MADAME BEAUMINOIS.

Trois termes! tiens, les voici; mon cousin des Batignolles m'a donné des fonds aujourd'hui!

SEPTIME, *joyeux.*

Payé! je suis payé! (*A part.*) Au premier jour, je m'éclipse...

AIR de la *Sentinelle.*

BEAUMINOIS, *au public.*

Toujours sans bonnes, sans bonnes toujours!
Plus il en entre ici, moins il en reste,
En s' présentant ell's nous flanq'nt leurs huit jours!

SEPTIME, *à Beauminois.*

L'air des fourneaux doit leur être funeste?

ADELINE, *au public.*

Mais vous, messieurs, voudrez-vous bien daigner
M' prendr' pour servant'? je n' veux pas d' bénéfice,
Je ne demande qu'à gagner (*bis.*)
Des bravos à votre service!
A vot' service!

PARIS. — J. CLAYE, IMPRIMEUR, 7, RUE SAINT-BENOIT. [613]

www.ingramcontent.com/pod-product-compliance
Ingram Content Group UK Ltd.
Pitfield, Milton Keynes, MK11 3LW, UK
UKHW021315190726
13839UKWH00007B/1843

9 782329 387468